Maria Zittrauer

Der Sehnsüchte Flug
Ausgewählte Gedichte

Maria Zittrauer

Der Sehnsüchte Flug

Ausgewählte Gedichte

Mit einem Vorwort von
Brita Steinwendtner

Ibera & Molden

Änderungen in den Gedichten aus der „Feuerlilie" wurden
von Maria Zittrauer persönlich vorgenommen.

Der Verlag dankt Elisabeth und Helmut Volgger
für ihre wertvolle Mitarbeit bei der Herstellung dieses Buches
und Direktor Georg Salzmann für seine Unterstützung
bei der Publikation des Gedichtbandes.

Die Deutsche Bibliothek – CIP-Einheitsaufnahme
Zittrauer, Maria:
Der Sehnsüchte Flug / Maria Zittrauer.
1.Aufl. Wien : Ibera & Molden -Verl., 1997
ISBN: 3-900436-58-4

1. Auflage
© Copyright 1997 by Ibera Verlag & Molden Verlag GmbH.
Umschlagbild: „Feder" – aus dem Besitz von Eva Ulmer-Janes
Das Bild von Maria Zittrauer im Buch wurde von Konrad Windisch,
ihr Bild am Umschlag von Elisabeth Volgger zur Verfügung gestellt.
Herstellung: Theissdruck, 9600 Wolfsberg, Kärnten
ISBN 3-900436-58-4

Vorwort

Ich bin ein Vogel, den sie jagen
und den ein traurig Herz beschwert
und der nach abgelebten Tagen
mit allen Liedern wiederkehrt

„Keltere wieder der Bitterkeit Beere" heißt es in einer Ge-
dichtzeile Maria Zittrauers. Bitterkeit war ihr Leben.
Feuer sah sie und Schnee, der Föhn stürzte über die
Berge und in den Nächten, wenn die Stimmen der
Welt verstummten, stiegen die Worte auf. Blitzartig
gekommen, lange gehegt, irgendwann hingeschrieben
zwischen Arbeit und Arbeit und Arbeit.

Es hätte eine glückliche Kindheit sein können, sagte
Maria Zittrauer einmal. Sie war ein fröhliches Kind,
hütete die ein, zwei Kühe auf den Wiesen an der
Ache, zu Hause war viel los, im Gasthaus der Eltern
in Bad Bruck: Viele Geschichten hörte man da, Hand-
werker kamen, Bauern, Knechte und Fuhrleute, Men-
schen wie die eigenen Vorfahren auch und fashiona-
ble Kurgäste vom reichen Badgastein, das gleich hin-
ter dem verwunschenen Garten aufstieg links und
rechts des tosenden Wasserfalls. Maria Zittrauer wuß-
te gut zu erzählen von jener Zeit krassester sozialer
Unterschiede, in die sie hineingeboren wurde am 10.
Jänner 1913 und die Karl Heinrich Waggerl, auch er

Gasteiner und um 16 Jahre älter, in Variationen immer wieder beschrieb. Aber nicht nur in Krieg und Zwischenkriegs-Elend versank das Glück ihrer Kindheit, sondern in der roten Lache am hölzernen Boden der Wirtshausstube, in der der Vater, erschossen in einer ausgelassenen Spielerei, verblutete.

Maria Zittrauer war begabt, lernte gut, las viel und gerne. Die Nonnen des Stiftes Nonnberg in Salzburg, wo Zittrauer als eines der ganz wenigen Kinder der sozial schlecht gestellten ländlichen Schichten in die Bürgerschule ging, boten ihr ein Stipendium an – aber die Mutter wollte nichts „geschenkt" und die Tochter wurde zu Hause gebraucht. Bis sie als ältere „ausgeschundene" Frau nicht mehr konnte, arbeitete Maria Zittrauer in diesem Gasthaus, über das die Zeit hinwegging, die Moden, die wechselnden Ansprüche und die versäumten Modernisierungen. Der Garten verwilderte. Das Anwesen war jenen, die sogenannten Fortschritt wollten, ein Dorn im Auge, es war im Weg für Tennis-, Golf- oder Parkplätze, für neue Wege und Straßen, für Begradigungen und Betonierungen. *Wo Feindland schon am Zaun beginnt | Gewalt und Tücke ihre Ämter haben | mein Grenzstein ohne Geltung ist | … seit je war ich dort vogelfrei …*

Unzählige Prozesse führte Maria Zittrauer gegen die Gemeinde. Sie verlor alle: Zeugnis einer schwierigen Wahrheitsfindung. Demütigende Kämpfe um die eigene Entmündigung und um den Entzug des Sorgerechtes für die beiden behinderten Töchter, die sie bis zum Erwachsensein oder zum Tod pflegte, kamen hinzu; auch sich zuspitzende finanzielle Not und eine langsam fortschreitende Erblindung, die erst in den allerletzten Lebensjahren durch eine neuerliche Staroperation aufgehalten werden konnte: ein Leben voll Bitterkeit und Verbitterung.

Maria Zittrauer starb am 6. Juli 1997. Ihr Werk wurde mit drei Preisen bedacht: dem Georg-Trakl-Preis für Lyrik (1952), dem Rauriser Bürgerpreis (1977) und dem Dr. Rose Eller-Preis (1995). Der erste war Auszeichnung der hohen Qualität ihres Werkes, der zweite zusätzlich eine Dokumentation der Sympathie des Rauriser Nachbartales und der dritte ein Danaergeschenk. Ob der Nähe der Preisstifter zu rechtsradikalen Gruppierungen brachte er der 85jährigen Autorin vehemente Kritik ein.

Kaum einhundert Seiten umfaßt das lyrische Werk Maria Zittrauers. Drei schmale Bände wurden bisher publiziert: *„Die Feuerlilie"* (1954), *„Ich male mein Gedicht ans Tor der Gärten"* (1977) und der Sammelband *„Schlangenflöte"* (1992).

Der nun vorliegende neue Band bringt eine Auswahl aus dem früheren Werk und fügt neue Gedichte hinzu. Diese entstanden in der Dunkelheit einer fast Blinden, deren Wegmarken die unterschiedlichen Rindenstrukturen der Bäume ihres Gartens und deren Imaginationen Schutz gegen eine als feindlich empfundene Umwelt waren. In den letzten Monaten ihres Lebens sah Maria Zittrauer mehr Hoffnung denn je, und eine jahrzehntelang nicht mehr gekannte gelassene Heiterkeit kehrte in ihre von den Vorbereitungen für das neue Buch ausgefüllten Tage ein. Mit Energie und dem ihr eigenen Sinn für Reduktion arbeitete sie, unterstützt von den wenigen, aber sich mehrenden Freunden, an dieser Ausgabe „letzter Hand".

Maria Zittrauers Gedichte stehen singulär in der literarischen Landschaft der Gegenwart. Schon ihre ersten Gedichte aus den 50er Jahren waren auf Anerkennung von berufener Seite gestoßen: Thomas Bernhard, damals selbst noch ein unbekannter Lyriker und Kritiker einer Salzburger Tageszeitung – sein eigener, erster Gedichtband erschien 1957 – erspürte den unvergleichlichen Ton dieser Strophen. In den 50 Jahren ihres Schreibens haben sich die Themen und Bilder wenig geändert: es blieb die Landschaft, die Jahreszeit, die Verletzung des einzelnen. *Geleucht und Getön* dringen durch Zittrauers Lyrik, sie schreibt von Schönheit, Qual, dem Verblühen, dem Abschied und dem Unheil eines immer neuen Tages: *ich schreibe aller Schöpfung Schrei.* Die Fenster sind verhängt, draußen Brandstatt und Sturzflut. Verloren der Mensch, einsam im Tunnel seiner Angst, denn *unbeschränkt jagdbar sind wir / so wie die Füchse / so wie der Wolf.*

Die Gedichte Maria Zittrauers sind fernab jeder Mode, sie zielen und schielen nicht auf Effekt oder Experiment. Sie sind gelebt, geschrieben, hingestellt in die Mauernische des Lebens wie ein kostbarer Funkelstein. Zittrauers Bilder und Metaphern kehren wieder, wirken jedoch immer wieder neu in neuem Zusammenhang: unverschleiert, aber unvergeßlich. Ihre

Sprache ist einfach und einprägsam. Mit einem Wort, einer Strophe holt sie das ganz Große in die Gegenwart der kleinen Beobachtung. Es sind die Grundbedingungen der Existenz, die Maria Zittrauer beschreibt, und die Dinge, die wir zu kennen glauben: die Rose und den Schnee, den Himmel und die Farben, das Gehöft, den Garten, den Pfad und das Tier; die Hoffnung, die Angst, die Einsamkeit, die Häme und den Verrat. In und hinter allem: Der Sehnsüchte Flug und die Apokalypse, das Umkippen des Glücks in das Verhängnis.

Maria Zittrauers lyrischer Kosmos ist verlockend und abgründig zugleich. Diese Gedichte stellen Zorn und Trotz gegen den schönen Schein. *Heidin bin ich,* sagt Zittrauer einmal und das ist nicht nur religiös gemeint. Sie lebte ihren verhärteten Stolz und formte ihn um zu Zeilen voll Magie. Sie ist keine Beschönigerin, vielmehr eine Fährtensucherin der Rauchspuren: *Schau hin, was dort brennt.*

Nicht von ungefähr waren ihre ersten Gedichte 1946 in der Ullstein-Verlags-Anthologie „Die Sammlung" neben jenen von Christine Busta und Hertha Kräftner zu finden. Vielleicht wird Maria Zittrauers Dichtung mit dieser Ausgabe „letzter Hand" eine ähnliche Renaissance erleben wie jüngst jene von Hertha Kräftner. Es wäre ihr sehr zu wünschen.

Brita Steinwendtner
Salzburg, im Juli 1997

Maria Zittrauer

Traumdrachen
steigen –
schweben dann
über dem andern Tal
farbige Frühlinge
wiederzufinden
wo sie nicht
spurlos
verschollen sind

O wir Kinder:
mit einem Auftrag
über die Gasse geschickt
fällt uns ein
an fremden Türen
zu klingeln
bis jemand herauskommt
sind wir schon
davongelaufen

Außerhalb von Ortschaften
hört die Böschung auf
tritt der Fluß
übers Ufer in die Au

Angeschwemmter Sand
weißgeröstet
heilsam und heiß
so wir dort
barfüßig gingen

Lausche mir nicht
ich verkünde den Traum
all sein Gewicht
Flocke wie Flaum
trug ich schon weit

geh und vergiß
bleibe gefeit
vor des Bösen Biß
Narrheit und Not sind aus magischer Schuld
und es tilgt sie die Zeit

geh in Geduld
sei ohne Harm
zürne nicht mir auch ein anderer fällt
Gott aus dem Arm
in die ureigene Welt

Tröstlicher Traum

Ich öffne alle Türen
zu eng ist mir das Haus
und Wunsches Pfade führen
die Seele mit hinaus

der Sehnsucht Schiffe fahren
auf ihrem Silbersee
im Hain des Wunderbaren
verhofft und äst das Reh

berauschte Falter fliegen
zum reichen Blütenbaum
die sanften Dinge siegen
so tröstlich ist mein Traum

Ansonsten

Gerechtes Tauschgut
für die Liebe
kann andres nicht
als Liebe sein

ansonsten bricht
der Himmel ein
ansonsten
bricht aus seinem Turm
das Glockenspiel
und macht
zerschellend offenbar
welch Erz
es ist und immer war

Märchenwald

Still wir treten ohne Frage
über den verfemten Rand
künftig tragen auch die Tage
das vergoldete Gewand

oh ich habe bei den Feen
in des Walds verschwiegnem Haus
ein entlaufnes Kind gesehen
doch ich nenne es nicht aus

Eden

Ewiger Garten
Weiher und Schwan
Inseln die warten
Ruder und Kahn

Staub in den Dosen aus Tula
Gift von zermahlenem Kern
Mädchen im Sattel der Mula
mit topasenem Augenstern

Bogen der Pforte
Beere und Klee
uralte Worte
Sünde und Weh

Spielmann von niemand gerufen
aber die Weise war tief
trunken auf tauigen Stufen
seine liebliche Sklavin schlief

schönster Gezeiten
süßer Schalmei
heil zu entschreiten
eile vorbei

Das Lächeln

Nichts entblößt uns eiliger
als dies Lächeln
das wir überwarfen
wie einen Mantel
in der Abendkühle

Gut, wenn das Blau der Gebirge
hereinkommt
und die Spiegel
in den offenen Hallen
gleich schweigsamen Seen
unser Antlitz behalten

Weiße Amsel

Den Morgen hat es stummgeschneit
bis auf des Pferdes Schelle
Der Vogel Ungelebtezeit
sitzt wieder an der Schwelle

Du weiße Amsel die nicht singt
In dämmriger Taferne
spielt einer blind und notverdingt
um deine Augensterne

Die Liebe

Sie trifft dich in jeglicher Tarnung
allzeit wissend um deinen Verbleib
befällt sie dich ohne Verwarnung
und sie schält dir das Herz aus dem Leib

Nach dem Abflug der Schwalbe
stieg von den Herbstgöttern einer
das Gebirge herab und hielt
herrscherlich schreitend
auf die Talschaften zu

Denn er ist ja kein
müder versagender Mann
nicht so saftgrün und prall
wie der prangstolze Sommer
doch er weiß wo er hinkommt
und bezeichnet den Platz
und die Dinge mit Namen
die sie nie zuvor hatten

Er umwandert den Weiler
wenn verworfne Girlanden
einstiger Lust im Geschütt
von Erinnerung
langsam vererden

Seine Windgeister
fangen das wirbelnde
Laub für ihn ein
blasen die Weglichter aus
schaukeln den Mond

Der Fisch

Wie sollte ich
den Fisch nur fangen –

ob Fliege oder Wurm
der Haken an der Angel
müßte ihn verwunden

mit meiner bloßen Hand –
er würde ihr
entschlüpfen aber
unter Wasser schillern

Karfunkelbeschlagen
die Türen zur Nacht
mein Zorn warf sie zu

Ein Stern bricht herab
ein Gefühl ist entfacht
als käme noch jemand
und wäre
wie du

Gottes Türen fielen zu
und der grauen Müdigkeiten
sinkt von unsern Schultern
keine
doch immer ist da
ein Aufblick
wir sind nicht allein auf dem Weg
manchmal sagen wir
Freund zu einem Ähnlichen
und Bruder
zu dem der uns tröstet
und das Land ist so schön
und bedankt sei das Treusein
der Tiere

Leicht
wie seidig Wimperhaar
ist Liebe nicht
doch ein glutender Rubin
den Schmerz und Sehnsucht
unaufhörlich schleifen
erleuchtet sie
des Innern Raum

Wem die Sonnensage
brunnentief entglitt
und vergilbte Klage
in die Kammer tritt

der versäumt zu ruhen
dessen Nächte sind
wie zerwühlte Truhen
draus er nichts gewinnt

Finsterwald mit keinem
Stern beschenkt

Unterm Eise
spricht der Quell im Schlaf

Wurzeltiefe Sehnsucht
treibt den Baum

Niemands Spur
behält der Schnee

ihn selber sengt
der Tauwind fort

Woher der Frühling duftet weiß ich nicht
mein Balsambaum hat noch kein Blatt
doch strömt es hold
und würzig süß durchs Fenster
als wär davor ein Hain am Blühn

Was läßt mich glauben und mit Wundergarn
ins Netz der Hoffnung spinnen
ich weiß es nicht

Sommergewölk
deinen
lauernden Abend
sanftfarben schönt

Müdegelärmt
ist die
wogende Stadt
wehrlos bist du

Meuchelt dir Kleinmut
die noch
herzwarme Stunde

weinst du nach innen
über das herrliche
Irrsal der Träumer

Wir hätten
die Mauer geschleift
wäre nicht
der Meise Versteck
im klüftigen Stein
und hinge
dort am Spalier
nicht Klematis
die Blaue

Neige

Ein wenig müde ist
die Sonne schon
sie zündelt
noch im Unterholz
beglänzt den Teich
und säumt sich fort
auf ungewisse Wiederkehr

Die Hügel des Herbstes
wo das Wild stirbt
und Traurigkeit umgeht
von morgen bis nacht
halten der Seele
ein Nebelbett frei

Wann immer verglüht
und versungen sie
körperlos ankommt

Der Regen rauscht in meinen Bäumen
der Regen prasselt auf mein Dach
bis Mitternacht noch steigt der Bach
ich will nicht schlafen aber träumen

Es rinnt die Stunde schwarz und bleiern
doch bald beim nächsten Uhrenschlag
erhebt sich jung der andre Tag
mit ihm soll ich das Leben feiern

Stumm
ist die Tiefe
Rot
von Korallen

Vögel
gestürzte
vermessene Sänger
sterben darin
an den Botschaften
Gottes

Samtblaue Glocken
tönen
zur Nacht
auf den Feldern

Kunde zu haben
deutliche Kunde
von Orten des Fluchs
und solchen
geglückten Entgehns
ich begehr es
ich –
der ich singe
die Einfalt

Das freie Tier

Das freie Tier
in seiner Höhle
von der
nicht jeder Schütze weiß
horcht angstbefallen
nach dem Schall
der Jagd

doch es erhofft
die künftig wieder
abendstillen Gänge
auf stolzen Läufen
durch den Wald

Zuweilen zieht über die Wälder
ein talfremder Vogel dahin
es weiß nur die wehende Wolke
vielleicht eine Sage um ihn

Er lebt auf dem Eiland der Einfalt
wo immer ein Wunder geschieht
mit meiner verwunschenen Seele
und deinem vergessenen Lied

Manchmal verläuft sich einer
und kommt in ein fremdes Gehöft

dort schaut er um sich
und es scheint ihm vertraut
was er sieht
doch kennt ihn keiner
sie wundern sich wohl
aber sparen am Wort

er streichelt den Haushund
und wendet sich fort

er trinkt nicht am Brunnen
er bliebe zu Gast
verstünden sie Weile
gewährten sie Rast

Die Hatz

Es gibt die Schergen und die Meute
den Witzbold der die Hatz bestellt
den Amtmann der sich zugesellt
sie findet statt noch hier und heute

auch die Tortur ist ausgemacht
es wird geviertelt und gepfählt
und jeder den sie auserwählt
verläßlich in den Ring gebracht

Die Begegnung

Von Angesicht zu Angesicht
ist Einsamkeit gegangen
der Tag verlor sein eitles Licht
vom Feuertod umfangen
sie wagten nichts als ihre Worte
sie blickten doch sie schienen blind
und unverschlossen stand die Pforte
durch die sie nicht geschritten sind

Wir leben auf den Kähnen
und in Hütten auch was wir ersehnen
worum wir uns bücken
erfüllt uns mit Entzücken
und Tränen

wir hauen neue Wege
und schlagen Brücken
wir stürzen vom Leuchtturm der Träume
es sterben die hohen rauschenden Bäume
an unserer Säge

Nicht mehr unterwegs sein
Zu weilen haben
neigenden Tags
in Gemächern voll Stille
mit geflammten Gladiolen
allein
Draußen
doch nah auch
die Meise am Mohn

Das kleine Lied

Laß mich blühen
bat die Blume
nur noch diesen einen Tag

hör mich singen
rief der Vogel
eh es dunkel wird im Hag

lehr mich schweigen
sprach das Mädchen
denn es reicht das Wort nicht hin
ihm zu sagen wie ich lebe
seit ich sein geworden bin

Sommerbild

Grüne Woge Halmenmeer
flutet hin und schimmert her
Glockenblume Gartenmohn
für den Krug aus braunem Ton

Amselkind im Heckenlaub
und auf dem umblühten Pfad
weißer sonngeküßter Staub
mit der Spur von Huf und Rad

Haus im Schatten auch das Tor
aber Glast und Glanz davor

Die Feuerlilie

Geheimer Segen schirmt den Hügel
auf dem sie brennt
nichts über sich als Firmament
und Gottes unsichtbare Flügel

ihr Kelch der keine Unbill kennt
bleibt nicht gefeit
am Lostag der Vergänglichkeit
wird er vom grünen Schaft getrennt

Seit Sonnenaufgang
ist das Feld gemäht
sind Glocke und Stern
mit den Gräsern gefallen
Wir haben um trockne Tage gefleht
die schwarze Wolke aber steht
mittags schon
über uns allen

Der wilde Garten
wird bengalisch grell
Der Gießvogel schreit
aus entfremdeten Räumen
Das Wetter schlägt an: Gebell auf Gebell
Dein Feld liegt wie ein Tigerfell
augenlos
hinter den Bäumen

Orion treibt die Wolkenkuh
hinab zu den gefälschten Sonnen
In allen Flüssen schwimmt der Mond
doch fängt ihn keines Fischers Garn

Geschäftig ist das Volk der Nacht:
die Igelsippe läuft ins Haus
der Fuchs geht um

Der Wind entschläft nicht wie dein Kind
Er hat noch lang im Hof zu tun
und redet mit dem gelben Baum

Sturzflut
fallender Wiesen
tälerweit
zischen die Sensen –
unverletzt
wuchert der Sommer
bei den Schmetterlingen
niemand
mäht am Nesselgraben

Bis die Falter
sich verpuppen
und im Reif keine
Nessel mehr brennt
denken wir
selten an den
schweigsamen Schnee
der auch heuer nicht
überall ausbleibt

Noch ist ja Sommer

Großer Sommer

Welch großer Sommer der nicht welkt
im Kranz der Jahre
er mochte Kelch und Dolde ganz
verschwenden
an seinen Abschieden genas das Unsagbare
so schließt sich lautlos nur ein Gartentor
dahinter Phlox blaut und Helanthien ihr
lohend Leben haben –
so fällt ein Blumenblatt uns aus den Händen
und selbst der Nebel naht wie feiner
Abendflor
wir sind noch nicht bereit die Beete
umzugraben

oh drängt uns nicht das Unvergeßliche
zu töten
ein Bildnis dauert wenn vor ihm die
echte Andacht war
und seid gewiß: die perlenden Gewässer
bleiben klar
dieweilen allzeit wieder sich die weiten
Horizonte röten

Er bedurfte
einer einzigen Nacht
übers Gebirge zu kommen:
die Föhnstute trug ihn
die mähnige Füchsin
Seine Rüstung von Enzian
ließ er den
schlafenden Almen zurück
Mit nichts
als Sonne am Leib
überrascht
er die Rose

Die Hohe Zirm

Der Blitz fuhr
in die Hohe Zirm
die einzeln stand

Der Regen
kam ihr nicht
zuhilf
lichterloh
ging sie zugrund

Der gefallene Sommer

In verlöschender Sonne
auf Halde und Hängen
und rings um dein Haus
der gefallene Sommer

bis zum Aufzug der Sternschar
über den Wäldern
schreib du ihm das Nachtlied –
vergiß ihn noch nicht

Zugvögel

In den Lauben von Efeu und fächelndem
 Wildwein
gasten jetzt Vögel die singen und schön sind
und im Herbste nicht bleiben

Dann – bei günstigem Aufwind
müssen sie fliegen

Keine Feder mehr fällt meine Schulter
zu kosen
sollen der Zugvögel Schwingen sich heben

Septembers Ausritt

Er greift nach festlichem Ornat
der hohen Farben Gold und Rot
Dann sattelt er den Schönen Tod
und spornt ihn über Sommers Pfad

Da fällt der Phlox, das Rosenblatt
die Strauchhortense rostet schnell
Und Helianthus im Rondell
macht einmal noch die Bienen satt

Herbstgefiedert
sonnen sich die Hügel
und alte Vögel
spähen aus dem Wald

Wind bläst Abschied

Wir fahren Schiff
durch roten Föhn
und fliedern leuchtet
der entfachte Strauch

Spätes Gold
in unsern Gassen

Goldes Glanz
vom Schatz der Träumer

bis zum Tod
noch zu verprassen

Herbstes Sold

Baumseelen

Ob sie feuergelb lodern
wie zum Fest für die Stadt
und felderweit treiben –
oder müd sind und modern
wenn der Herbst sie schon hat:
die Baumseelen bleiben
in jeglichem Blatt

Der Lärchbaum brennt
sein Feuer ab
im dunklen Wald

Ein bunter Häher in den Fichten
ruft immerzu der Herbst ist da

Und einmal hat
der Wolf die Stunde
ein weißer Wolf mit Glitzeraugen

der uns den Atem nimmt

Oktobervers

An manchen golddurchwirkten Tagen
ist auch der Herbst noch hell und schön
er hat sein Malbuch aufgeschlagen
er schwelt geheimnisvoll im Föhn

Entlaß die abgelebten Jahre
sind wir nicht neu mit jedem Tag
und reisig wie die jungen Stare
im roten Ebereschenhag

Herbstes schmale Tage
Gäule abgeschirrt
Äpfel auf der Waage
Schnaps für Senn und Hirt

Grüne Schrift der Sterne
Hohler Wege Staub
Vogelherz aus Ferne
Lied im letzten Laub

Steigende Zisternen
Andrer Grenzen Saum
Mit verbrannten Kernen
stürzt der Sommerbaum

Leuchtrot das Laub
auf dem Anger
kein Vogel im Baum

Schnell jetzt und laut
sind die Bäche

Unterwegs
zu entkleideten Fluren
zögert mein Schritt

Weiß ist die Sonne
Geflamm
aus Verzweiflungen
äschert
die Gärten von gestern
endgültig ein

Der gelbe Vogt:

Der Astern Anmut ist nicht mehr
Das Feld gehört den Dohlen
Ich jage Föhne vor mir her
ein Ahornblatt zu holen

In meinen Wäldern trifft das Blei
und bricht des Schönen Lichter
Ich schreibe aller Schöpfung Schrei
auf euere Gesichter

Fluch dem Herbste

Fluch dem Herbste: Von den Frösten
wird die Chrysantheme krank
seine Abende sind blank
und zu gläsern um zu trösten

tags umringen schon die Raben
unsern schüttren Garbenbund
bald ist es dem Neide kund
daß wir halbe Ernte haben

Ein kupfern Kirschblatt
weitentweht
verkommt
im Reif der Gründe

Der traurig
durch den Garten geht
mit Reisig
für sein Rosenbeet
meint nicht
daß er den Herbst
besteht

Gehöft im Herbst

Der Spruch am Giebel tröstet nicht
Im Fahnenseil erhängte sich der Wind
Bei falben Sträußen auf ererbtem Spind
verbrauchst du das gesparte Licht
Du weißt die Schwalbe in der Not:
den Tauern eisig unter ihrem Zug
Du kennst der Gifte Bodensatz im Krug
Ein grauer Pilz verdarb dein Brot
Du rufst nach den erschlagnen Hunden:
sie liegen draußen hingestreckt
Und was dich in der Einschicht schreckt
ist dir für lange aufgebunden

Herbstgedicht

Mich schmerzt die herbstbefallne Au
die Bäume stehn so todbereit
in ihrer neuen Einsamkeit
die Kräuter tränen bittern Tau
der Tag verarmt vom Glanz vergessen
den einst der junge Lenz gebracht
als böser Schatten ist die Nacht
beim tauben Brückenpfahl gesessen
das Jahr muß heim die Schwalbe schied
ein feuriges Gestirn verblich
ich liebe doch ich lasse dich –
und dunkel tönt davon mein Lied

Bevor der Schnee kommt

Traurig und arm
sind die Bäume

Stürmischer Wind
hat ihr Blattgold verstreut –
wir häufens
am wehrhaften Wildrosenzaun
für den Igel
der unseren Garten bewohnt

Winter wird lange
und ohne Barmherzigkeit sein

Lichtmeß

Das war als der Eismond ging
und die Sonne von neuem den einsamen
 Turm umfing
ihn zu wecken aus Abkehr und Ruh
jene Glocke gar die am höchsten hing
durchglühte daß fortan sie gläubig sich
 schwang
als vertraut wie am Schöpfungstag
das Wild aus der Waldung trat
als der Knecht sich versäumte im
Lerchenschlag
sein Aug ins erblauende Wölben tat
und feierlich ausschritt in klobigem Schuh

Das war als der Schneekranz vom hölzernen
 Gang
herabschmolz und die Frau in der Tür stand
 zur Schlafenszeit
die Wärme der Wohnstatt das gute Geviert
 hinter sich
die Frau in der Tür die nun wieder dem
 Mädchen glich
das sie einstmalen war
dem zur Freude Föhn um die Hauswand
 strich
da es dachte die Welt sei weit
wegsam – und über die Maßen wunderbar

Der Winter weicht
seine Nachhut
schüttet Märzschnee
auf die Hagdornenfrucht
vom vergangenen Jahr
und die Rehspur
von heute nacht

Die junge Geliebte

Sie trat in der Frühe des Jahrs zu dir
und stellte ihr Licht vor sich hin
und rührte dich an wie ein fragendes Kind
das mitten im Spiel
ein neuer beseligend schöner Gedanke befiel

Du hast sie im Sinn
vertrauend und lind
entfacht und gefangen
und wie sie von dir gegangen
verborgenen Blicks in des föhnigen Abends
 Blau

Vielleicht ist sie längst eines andern Frau
und ob sie noch denkt – wie es damals war
das weißt du nicht
dein Frühling aber in jedem Jahr
trägt ihr Gesicht

Frage im Frühling

Wirst du dann wenn ich rufe noch kommen
wenn vorüber die Frühlinge sind
und die sengenden Sommer verglommen
bis der Tagsaum zu blassen beginnt

weißt du dann noch mein Abbild zu finden
im vergilbten zerlesenen Buch
oder bist du nur jetzt in den Winden
weil ich winke mit wehendem Tuch

Bald ist Frühling

Grüngemalter Abend äugt
in die alten Weiden
Wo sich Dorf und Wiese scheiden
stehn sie übern Bach gebeugt
Bald ist Frühling
Wieder werden
Bild und Duft den Sinn gefährden
wenn die Knaben Flöten schneiden
an den Flüssen –
Wieder wirst du dich bescheiden
oder neu verschwenden müssen

Nehmt es wahr

Nehmt es wahr: die Tage wachsen
und voll Unruh ist die Nacht
ein Gefährt mit glimmen Achsen
kommt vorbei wo einer wacht

wer jetzt lauscht der hört es weinen
aus dem schwarzgefegten Tann...
und wer schaut erblickt ein Scheinen
das den Lenz verheißen kann

Zauberstarke Zeit

Der Saft steigt in die Bäume
o zauberstarke Zeit
komm höchster Stern und säume
die Welt mit Herrlichkeit

verlöscht die Glut im Herde
bekümmert uns dies nicht
wir heimsen wie die Erde
das lautre Sonnenlicht

doch seufzen nachts die Wälder
gespenstisch gluckst der Bach
der Föhn fährt auf die Felder
und übers Scheunendach

ein Käfig ist die Kammer
dem du entrinnen mußt
des Morgens erste Ammer
singt an des Frühlings Brust

Als es Lenz geworden war

Als es Lenz geworden war
kam die Schwalbe wieder
und sein Duften wunderbar
hub an der holde Flieder

als es Lenz geworden war
zwischen Wurz und Kiesel
brannten schollenbraun ihr Haar
die blitzgeschwinden Wiesel

als es Lenz geworden war
lag die Nacht darnieder
flog das Schneehuhn auf im Kar
mit farbigem Gefieder

als es Lenz geworden war
dem geliebten Tale
schlug dein Herz in Todgefahr
noch unter Eises Schale

Der Lenz hält in den Wäldern hof
und sammelt sein Gesinde
Er setzt das Lied der Vögel neu
und prüft die Kraft der Winde

Er segelt den geheimsten Traum
und singt an jedem Strande
von der besiegten Wintersnot
in seinem grünen Lande

Maiensaat

Es regnet in der Frühlingsnacht
und glänzt auf jungem Laub
es fällt in deinem Traum dir sacht
ein Häuflein Blütenstaub

Und weißt du wer dich grüßen will:
auf seinem andern Stern
sät jemand Liebe stark und still
so stark so still – als fern

Veilchen hatten geblüht
über auferstandenem Gras
taumelnd erschien ein einziger erster
schöngelber Falter:
Glück der Verheißung

Läßt die Sonne sich
nieder im Gletschergestühl
trocknet das Kar grünen die Triften
alles erwacht

Unser Bach aus den Bergen
pirscht Gehölz durch die Schlucht
gischtet und tobt und beschleift
Steine für sein uraltes Bett

Auen entlang eilt er geglättet
und mit schillernden Fischen
leiser dahin

Schwarweis bevölkert den Löwenzahn
leuchten die Raine
hoch in den Bäumen ein singender Wind
wiegt das Nest mit der Vogelbrut

Eines Nachts wenn der Flieder sich auftut
ist ein Brunnen zu hören
den es längst nicht mehr gibt
auch der Klang eines Hufschlags
vor entriegeltem Tor

Im Frühling

Über das heitere Antlitz der Erde
huschen die Falter
wandelt vergnüglich das kluge Getier
breiten auch wir
eine innige neue Gebärde
was bislang unter Tag hat geruht
knospet zum seligen Psalter:
Gott und das Leben sind gut
wir haben kein Alter
und es krönt uns nichts
wir erheben uns schlicht
aus Gewähr und Verzicht
unserer Hoffnung glosendes Scheit
wie den Goldkern des Lichts
zu wahren für glücksferne Zeit

Flieder

Seine Zeit ist der Mai
aber jetzt schon liebkost
ihn die Sonne
wenn sie brütet im Hofgeviert
und ihn mütterlich einholt
weil er föhnbestürmt schwankt

Seine Zeit ist der Mai
bis dahin
entquillt ihm das Laub
überkommt ihn sein Blühn
als Bedrängnis

Täubenden Duftes
flurweit sich schenkend
hält er den obersten Prangtag
zugleich
mit der wilden Narzisse

In der Sommernacht

Pergola für
hundert Rosen
Grotten um die
vielen Brunnen

doch wohin mit
fallendem Gestirn und
seiner heißen Asche

Damit du Stimme bist

Damit du Stimme bist und alles Antlitz habe
umher
des Hochgemuten
bestaunte Flagge auf den Türmen sei –
soll ich am Meer
der totgesagten Wünsche gluten
du hast die Sicht und kannst vorbei
und wenn der Berg sich auftut deinem Stabe
erstickt ein schon entfernter Schrei

Ob im Gebälk von alten unbewohnten Hütten
es glost
und Bangnis nistet
bedrückt nur den der noch auf Rückkehr hält
des Traumes Trost ist allen Wissenden
befristet
was vor der Träne nicht zerfällt
wird auch kein jäher Wettersturz verschütten
das Wunder ist ja nicht die Welt

Aus dem Tal ohne Zeit

Ruft ihr mich doch
oder wohn ich zu weit
hinter den seltsamen Auen
seit mir die kostbaren Abende blauen
die mit Tropfen von Silber das Feld betauen
und vom föhnigen Joch
wie seinem Gefährten der Nachtvogel schreit

Fänd ich euch noch
wenn ich eilte – nun froh und bereit
aufs neue zu trauen
jener ältesten Weise aus eurem Gesang
oder war ich zu lang
in dem Tal ohne Zeit

Die Schlummerfrau

Blies auch in Wies und Au
eben noch Pan
stieg doch die Schlummerfrau
auf den Altan
zündet ein zartes Licht
schenkt einen linden Wein
bindet was sonsten sticht
fürsorglich ein
läßt den geliebten Tag
leicht aus der Hand
damit es dunkeln mag
nachtlang das Land

Aber zu Abend

Windstille war
und reglos der Feldmohn
Glut fiel vom Himmel
ins Grüne der Hügel
Gesang kam aus allem

Aber zu Abend
ist vieles verändert
Vergebliches
blühte die Blume
in Purpur
Die Dommel im Ried
verschwieg eine Antwort
Nur des Wegs
ist kein Ende
des ambrabesprengten

Das Fest

Alle Feuervögel fliegen
singend um den Glockenturm
Purpurnelke nachtentstiegen
sprüht in Duft und Funkensturm

Und auf firnbestäubtem Kamme
unterm Sternenornament
züngelt eine blaue Flamme
bis der ganze Himmel brennt

Schließ dein schlafendes Haus ...

Schließ dein schlafendes Haus
und vergiß es geh hinaus
auf den Anger ein Mensch der träumt
wie sonst ist das Dorf doch vom Mond
gesäumt

sieh an den versilberten Strauch
dort noch und da eines Herdfeuers Rauch
ein Schritt auf dem Weg eines einzelnen
  Schritt
ob es auch ihn unterm Dach nicht litt

die Magd huscht heim und der Hund gibt
  Laut
vor des Nachbarn Stall
und aus vielhundert Augen schaut
der Himmel herab ins Tal

Ich höre dich Baum
wenn die Mondlampe lischt
wie du sacht
und ich weiß es:
mit knospendem Zweig
an den Dachfirst schlägst
Wenn die Mondlampe lischt
und eifrig ein Regen die Gräser tränkt

Du ungeduldiger Baum
ich sah dich im Laub
und ich sah dich im Schnee
Du wagst es wieder ein Neuer zu sein
Ist Gott dir so gut?

Das Herz

Gott gab mich aus
und wird mich einverlangen
weil ich die Münze bin
die er geprägt

von allen ward seither
ich schon empfangen
verlor an Glanz
und wog zu schwer
für manche Hand

sie haben mich für Tand
und wenig Dank von sich gelegt

Los eines jeden
der erschaffnen Dinge
was ihm geschieht
verändert seinen Wert
nur ders vernimmt
wie hell ich jetzt noch klinge
erkennt des Hohen Münzers Mal
und sieht die einst geprägte Zahl
als gültig an wie unversehrt

Der Reisige

Der bestimmt ward zu Fahrten und Flügen
dem begegnen wohl Taube und Aar
er sieht Grund den die Seinen nicht pflügen
und mit ihm ist der Fremde Gefahr

so gewiß sind ihm Glück und Verhängnis
als er Wunder und Währendes sucht
wie sein Leben voll Kraft voll Bedrängnis
einst ihn reift zur erlesenen Frucht

es ist gut wenn nach Sternfall und Schauer
dann bisweilen ein Flurfeuer glüht
doch bedeutet des Reisigen Trauer
daß die bittere Wegblume blüht

Im ergrünten April
als der Krokus kam
rief eine innige Amsel

Das gehörnte neue Gestirn
wurde immer vor Tage
auf blauen Rädern fortgezogen

Schmelzwasser
führte der Bach
und benetzte den Strauch
der vom Ufer hing
Unter dem alten Stein
stand Scharlachundsilber
die alte Forelle

Eine Wildtaube lachte
(fremd in der Gegend)
Lachte unüberhörbar

Von Ufer zu Ufer

Tröstlich
die Brücke des Wortes
sich wölben zu sehn
von Ufer zu Ufer
federnd und hoch

Fremd ist
und fern so uns nichts mehr
was jenseitig wächst
und gültiger gründet
Kommt denn
zum Kelch der Narzisse
dort keinmal die Nacht?

Hüben
hegt Hoffnung und Trauer
derselbe zugleich
gewärtig des Bildes
allzeit
verfallen dem Zauber
zerstörbaren Glücks

Mächtig wirkt die Zeit
rafft den Mut dahin
der Vermessenheit
Brüchiges zerfiel –
so unsäglich viel
aber blieb Gewinn:
Ackerstreif und Pflug
früchteschwer ein Baum
leisen Bootes Bug
mit verschwiegnem Traum

Letzter Flieder mait
längst für dich allein
Regenfeucht und rot
Tulpenflamme loht –
längst für dich allein

Die fremde Landschaft
ist des Sommers müd
Sie trägt schon Astern
Georginen
und halbgereiften Wein

Ein Bahnhof wartet
auf den späten Zug
der niemand mitnimmt –
und auch keinen bringt

Die Gleise jagen
durch den Buchenwald
bis sie der Berg
verschluckt

Mäander eines Pfads
für die Versäumten

Zuhöchst ist ein herbstlicher Garten
dort weilet die Sonne noch lang
dort herrschen die Monde mit gütigem
 Schimmer
und es schlafen zu Häupten von zarten
verzauberten Blumen die Lüfte ein
dort flötet die Amselin immer
als gäbs nicht den gilbenden Hang
als zöge nicht Seele um Seele allein
und in eisigen Ängsten die Schluchten
entlang

Mitternachtslied

Draußen auf den Fluren
lustwandelt längst die Nacht
ein Cherub tanzt in güldner Tracht
zum Getick der Uhren
Schwärze quillt aus heißen Pfühlen
vorüber ist des Mondes Lauf
jetzt schütten sie die Körner auf
in den Schmerzensmühlen

Das Land verblüht
wie mein Gesicht
Es fault
die zweite Mahd im Regen

Rotholunder füllt die Körbe
Der nächste Mond erst
reift uns
winterharte Frucht

Weißer Schierling
reicht die Schale Taugift
übern morschen Zaun

Dort steht
des Herbstes adelige Rose
im argen Morgen unversehrt

Was ruft
der graue Siebentöter
herüber vom gedornten Strauch?

Das reiche Jahr

Noch bist du Gast beim alten Jahr
der letzte Trunk wird schon gereicht
und ist so klar
du siehst dem Glase auf den Grund
und lächelst wohl mit wehem Mund
das Wort 'Vorüber' spricht sich leicht

und war so viel (als du's gelebt)
des Schönsten und der Bitterkeit
kein Engel hebt
dich je zurück ins ganze Licht
durch alle neuen Sonnen bricht
was dir verblieb an blankem Leid

doch dank ihm nur dem reichen Jahr
wer so wie du des Sturms bedarf
und der Gefahr
beklage nicht des Kampfes Mal
solch einer traf die rechte Wahl
als er sein Herz vom Strande warf

Feuer und Wind

Sei mir Odem und Lust
sagt die Flamme zum Wind
ich brenne so hell du es willst und so hoch

brenn so hoch als du mußt
bist ein törichtes Kind
wenn die Späne verprasselt sind
verlaß ich dich doch

Woher der Rauch weht
in diese Richtung
mußt du gehn
Schau hin
was dort brennt

Vielleicht sollst du
löschen kommen
oder
deinen dürren Ast
zum Feuer bringen

Schau hin
was dort brennt

Kämst du nicht ich würde
nach dir senden die schnelle Schwalbe
oder den Wind

schliefest du ich ließe
sanft dich wecken von Blütenfall und
fächelndem Halm

doch mein Antlitz dunkelt
bald ein wolkiger Abend der die
Boten verbannt

Wind

Ich war die Gerte in des Windes Arm
und schwanke noch vom Atem seiner Kraft
o Wind
er wiegt der Birke Silberschaft
er hat den Halm dahingerafft
und kost das Kind
mit seidnem Anhauch sonnenwarm

er trug den Tanz zutal und wärs nur dies
daß ihm allein das schönste Lied gelang
und nur
weil er den Eisspalt übersprang
ich sinke auf verblaßter Wang
in seine Spur ...
wie bin ichs leid daß er mich ließ

Birkengoldmünze
für Herbstmaut
und Spielsucht des Windes

Schank und Kapelle:
Schlafbrunnenhäuser
Kennzeichen Kupferhahn

Perlmutterdiskus
im Zeitlupenwurf
mit dem Hof einer Wolke

Zinngießer Mond

Zimmetbraune Frühlingsfohlen
zäumt der Föhn
Zinngießer Mond
mit dem wölkenen Schurz
enthüllt
das Geheime des Märzen:
den Bittgang der Bäume
im krustigen Schnee

In den Gelassen
trauriger Träumer
treibt er sein Wesen
schimmernd und kühl:
ein besonnener Meister

Was wir beweinten
wäre vergessen
aber das Wasser hat Furchen gezogen
und die wehrlose Landschaft verändert

Was der Wind aus den Bergen flog
wüßten wir nicht
doch eine Blume von hoher Herkunft
wächst plötzlich am Hügel

Aufwind

Aufwind bringt dich
übers Gebirge
oben ist Schnee

jenseitig doch
in südlicher Mulde
landet
der onyxgeäugte
einer Lenzgöttin Aar

ihm zähl ichs zu
wenn ich noch liebe

Dieser Morgen

Dieser Morgen ist anders
er glänzt auf dem Fluß
und das Ufer wird sein
doch die feurige Inschrift
noch hält er verborgen
kaum hörst du ihn kommen
denn er tut keinen einzigen hallenden Schritt
und er weiß dich
das ahnst du
vergiß daß es ewig
auch ohne uns tagt

Das Windlicht

Das Windlicht hängt im Garten Welt
am Seile zwischen Baum und Pfahl
es eifert nicht mit den erwählten Leuchtern
 aus dem Saal
doch sind die Stunden ohne Sonnenstrahl
auch seine Zeit sodann erhellt
den kleinen steingesäumten Weg
es bis zum Bachrand hin bis an den Steg

oft läßt der Mond die Nacht allein
und es geschieht daß sie erschrickt
wenn Sturm einhertobt und auf Erden eine
 Angstuhr tickt
das Windlicht in die nassen Büsche blickt
und auf den nacktgespülten Stein
ums Glas metallenes Geflecht
die Flamme innen gut geschützt und echt

sie halten es für eine einfache Laterne
nur in der Sturmnacht hat es Ansehn gleich
dem Sterne

Größer
denn jegliche Vorsicht
ist das Verhängnis
Gewaltig wie Glück:
sprengt es doch alle
entbotnen Gefäße
Und Sturmes Flagge
wird immer entfaltet
über den schimmernden
Fjorden der Freude

Der starke Baum

Er schüttelte nur die Nässe aus der Krone
den schweren Regen einer langen Nacht
er hat die sternenlose Zeit durchwacht
und nicht gewünscht daß ihn der Himmel
 schone

auf offnem Feld und abseits von den andern
besteht er viel
er braucht den unbedrängten Raum
der Lüfte Spiel
den Ruf der Träumer die talaus entwandern
ein fürstlicher ein starker Baum
trotz bösen Jahres Kerbe unterm grünen
Kleide

welch einen Schatten aber wirft er auf
die Weide

Die Glocken sind gut
der Turm ist zu alt:
er bestände
Schwingung und Schall nicht mehr

Wir haben den Zug
vom Läutwerk geschnitten
Ungewarnt
wird uns das Unheil verschlingen

Gastmahl des Lebens

Sie nahmen von köstlicher Speise
erwürfelten reichen Gewinn
Sie teilten sich lärmend die Preise
und ritten betrunken dahin

Doch weh! sie vergaßen zu danken
wie leicht sind sie morgen dann stumm:
es ging in dem Horn (draus sie tranken)
ein Gift mit dem Weine reihum

Nichts ist unser
nichts umfriedet
Mut und Fährnis: alle Mitgift
Hinausgestreut
auf der Eiligen Estrich
die vorzeit Erschöpften:
Asche und Wegschutt

Seht die Stolzen
ihren teuren Fund bestatten
Seht die Seltnen
sich entfalten im Vorbeigehn
und den wetterblassen Wimpel
erst entzünden
an der Abendsonne

Ihr seid nicht bei den Schafen
zur Zeit der Wolfsgefahr
ihr habt den Stern verschlafen
der eine Hoffnung war

Kein Nachbar wach und stählern
und der sich stellen muß
In abgeschiednen Tälern
geschieht des Märleins Schluß

In einer Nebelnacht
trieb euch der Sturm
sein klingendes Boot
vor die Küste

Weil das Leuchtfeuer
ausfiel
und euere Wachen
taub sind
bleibt es verschollen

Wenn die Lawine niedergeht
die sie abgeschrien
die sie losgetreten haben
laut
wie sie sind
frech
wie sie sind
dumm
wie sie sind
ist für kein Vaterunser
mehr Zeit

Im roten Ahorn
konnte sich der Vogel bergen
den sie verfolgten
als er sang

Vom nackten Baum
auf dem er schweigt
schießt ihn ein Tölpel
mit der Schleuder ab

Brandstatt nach dem Sommer:
Im geschwärzten Eschengefieder
tanzt der Grabenwind Kehraus
Nächtelang pfiff er vom Ahorn
der immer noch brennt

Wir ziehn in die Wälder
und werden winterlich wohnen
uns mit den Füchsen beraten
und die Erscheinung des Wolfes haben
Unbeschränkt jagdbar sind wir
so wie die Füchse
so wie der Wolf

Salz und Essig

Salzregen schmerzt
wo du wund bleibst

Und dafür
daß nichts vernarbt
und kein Schorf
sich bildet
hat die Erinnerung
ihren Essigschwamm

In Urtiefen
schlief es
durch Sternreifen
sprangs
das zaumfreie schöne
das Tier unsrer Nacht
Herzwände
sengt
sein knisterndes Fell

Im weitgerühmten Tal
ein alter Ort
ist unser Dorf.
Wir sind ihm eingeboren
wie der Kötschach Rauschen
und wie der Linde Stamm
vor der Taferne.

Nicht viel ist anders
Als zu uns'rer Väter Zeit:
seit sie sich ausruh'n
unterm Kirchhofgras,
die Flur noch bannend
für den Pflug der Söhne,
war wieder Krieges Not;
kam dieser heim,
ist jener fortgeblieben;
gab's Tauf' und Hochzeit,
Glück und Gant.

Wir sind auch,
was die Väter waren:
Gewerbsleut, Bauern,
und Gastlichkeit ist unser Brot:
denn heilsam wie vor hundert Jahren
steigt die Quelle aus dem Stein,
und kommt der Fremde, zu gesunden.

Ein Dorf am Saum der prunkenden Gastuna,
die reich ward durch des Berges Gabe,

hat Gut und Mühen aufgeboten,
dem Heilbrunn dieses Haus zu stiften.
Es möge soviel Wohlstand bringen,
daß uns're Habe, festbegründet,
dem Nachfahrn unbestritten bleibe!

Doch was der andere Wind
auch Neues herweht auf den grünen Anger:
Das Dorf wird davon keine Stadt;
es will sein echtes Antlitz tragen
sowahr die Kötschach rauscht
und dort die Linde steht
und wir das Herz voll Heimat haben.

Zur Eröffnung des Kurbadehauses
in Badbruck (Bad Gastein), 1958

Vieläugig schaust du,
Ragende,
von sterblichen Erbauern
Stein auf Stein Gefügte,
im Ring der Gipfel unterm Tauernhimmel
hinüber ins Geschröff der Gemsen.
Aus kargem Weidland
trägt dich hoch dein Grundgemäuer –
vollendet –
schön: die neue Schule.
Und vor der Lahn
schützt deine Schulter
Bannwald auf den Leiten;
die Stirn bedrängt dir
Menschentages Hall
und sein bewegtes Bild.
Mit freier Lende
hältst du hundertfältiges Symbol
in rätseltiefen Ornamenten
unlöschbar
den Wettern aus dem Nord entgegen.
Des Tales und des Landes Wappenzeichen:
Silberkrug und aufgereckter Löwe,
sind ein Gleichnis über dieser Pforte:
füll am heilen Quell des Lebens
deine Krüge,
Mundschenk der du bist
im Tafelsaal der Kinder.
Zu wachen hebe an der Schwelle
den Mut wie eines Löwen Pranke,

denn immer lauert Feindliches am Tor
und braut sein Pfeilgift
für das junge Herz.
Die Schule steht –
und andre Bauherrn ziehen ein,
der Baukunst schwerste hier zu üben.
Mit Winkelmaß und Zirkel
nicht meßbar ist der Mensch –
das Lot versagt
vor dem Geheimnis seiner Seele.

Baut mit der Liebe Augenmaß,
ihr Lehrenden,
der Zukunft Haus –
dann fügt sich lotgerecht der Stein
gehorsam göttlichem Gesetz.

Prolog zur Eröffnung
der Hauptschule in Badgastein, 1958

Wo ich her bin
dort
hat ein Berg meinen Namen

Den Leuten im Tal
bleib ich fremder als fremd
nur meuchlings erlegbar
wie Hochwild es ist
auf verschwiegener Hube

Unbeirrt lebe ich hinter den Bäumen
Feme geht um
verhülltes Gesindel
gewitzt und beschlagen in mancherlei
Mißbrauch
legt Fallen in das Gehöft
und räubert mein Urvätergut aus der
Kammer

Wo Feindland schon am Zaun beginnt
Gewalt und Tücke ihre Ämter haben
mein Grenzstein ohne Geltung ist
und mein verbuchtes Recht
geleugnet wird und ausgelöscht:
seit je war ich dort vogelfrei

Unbeirrt lebe ich hinter den Bäumen
oft unter Dächern voll Schnee
der lange aushält
Und auch der Sommer

zieht von Jahr zu Jahr
seine grüne Wildnis
enger um das gealterte Haus

Schiff + Schloß

Mein schnelles Schiff
das abgeschottet
durch Wassertiefen fährt
taucht auf
legt an und löscht
die Fracht

Mein steinern Schloß
steht immer noch
auf seinem Turm
hab ich
mein kühnstes Glück
geflaggt

Alle Zeichen die ich finde
was ich weiß und was ich ahne
web ich für die Frühlingswinde
in die neue Giebelfahne

Meine verhagelten Felder
richten sich nie wieder auf
und ich weiß keinen Trost

Meine entzauberten Rosen
hast du zerpflückt und verhöhnt
ich vergebe dir nicht

Wie das Herbstlaub raschelt
wenn jemand ums Haus geht –
Es wird kalt heute nacht
Ich werde die Fenster verhängen
ich will nicht den Mond
auf meinem Bett
Des Tags in der Sonne
gedenk ich
und dessen
der fröhlich vorbeikam

Das Gespann

Wir sind ein ehernes Gespann
vor einem schweren Wagen
der Große Schmied der alte Mann
hat uns noch gut beschlagen

Die Gaffer all am Wegesrand
sind Satans brave Kinder
hat jedes seinen Stein zur Hand
und wünscht uns laut zum Schinder

Laute Zecher waren lang geblieben
und dann hatte bis zum Morgenstern
der Wald geschrien:
das Reh in eines Kätners Schlinge

Schlaf im Auge
öffne ich mein Haus dem Tag
der erblüht war
als die Amseln aus den Sträuchern
sprangen

Worüber ich schweige

Auch wenn ich es sagte worüber ich schweige
was würde geschehn

Es würde die Sonne weiterhin leuchten
und untergehn
der Nachttau wie immer die Moose
befeuchten
und launischer Südwind den Wetterhahn
drehn
die keuscheste Knospe sündig berühren
und Törichtes flüstern im Frühlingsgezweige
der Fluß würde rauschen und Hochwasser
 führen
im Winde der Turmhahn sich drehn

Auch wenn ichs verriete worüber ich
schweige –
nichts Neues nicht anderes würde geschehn

Ich male mein Gedicht ans Tor der Gärten
die ich mir nicht öffnen kann
Ich merke meines Wildes Fährten
wenn es heimzieht in den Tann

Ich finde des verwunschnen Vogels Lieder
singen doch wird sie der Wind
wo die in Bälgen und Gefieder
nachtgeschützt beisammen sind

Lösche die Kerzen

Jäh wie der Sommer das sinkende Jahr
wirst du die sterbende Liebe gewahr

Einst war sie Anruf Beschwörung und Strahl
süße o wundersam süße Gefahr
Schwinge des Glücks – Schwelle der Qual
Brücke der Herzen
schwankend und schmal

Lösche die Kerzen
nach dem zweisamen Mahl
reich mir die Rosen verwahre den Wein
laß von den Hügeln den Morgen herein

Knistert mein Kleid mit dem seidenen Saum
zischelt und glost noch ein Flämmchen im
 Raum
laß es genug sein höre nicht hin
vieles war Traum
unser Lied ist Gewinn
wenn ich auch wüßte wie ich dich bände
wär ich nicht anders als ich nun bin

Nimm deine Hände
mir vom Gesicht
sieh auch am Ende
weine ich nicht

Romanze

Über dein Herz
ist ein Falter geflogen
denn es war wie die Wiese verschwiegen und
 süß

über dein Herz
hat ein Zweig sich gebogen
voll besonderen Laubes mit jähem Jasmin

über dein Herz
wird ein Schatten sich legen
ach in dein Herz
fallen Hagel und Regen

Nachlaß

Im Nachlaß des Sommers
sind Spangen und Ringe
Nadeln und Schließen

zerbrechliche Gläser
mit edler Gravour

mein Vergißmeinnichtvers
auf dem Buntseidenband
einer Laute

und der unechte Stein
den ich behielt
weil er schimmert
und wunderschön rot ist

Zwischen Rose und Schnee
eine goldene Frist
die du glücklich bist

Tiefer die Bläue von Himmel und See
bekränzter das Fest
Überaus mehr als der Rest
würzigen Weines zu silbernen Fischen
stillt jener der Sonne auf unseren Tischen

Eine goldene Frist
zwischen Rose und Schnee
die du glücklich bist

Pflück mit mir die blaue Dolde
von der Liebe bittrem Strauch
Schau ich schenke dir die Ferne
und die Heimat bin ich auch

Brich für mich die ernste Rose
aus dem Abendbaldachin
Komm zu träumen und ich breite
Eppich und Reseden hin

Unterlassener Brief

Ich würde schreiben (wenn ich schriebe)
daß ich nicht vergessen habe
wie es war am hohen Tag der Liebe

doch die Jahre die geringen
geizten mit des Glückes Gabe
flohen hin auf wundgepfeilten Schwingen
alle Schatten als sie fielen
lagerten sich um das Haus
davon dunkelten die Dielen
und die Tänze blieben aus

andre Sterne blicken nieder
wie in Feindschaft fremd und kalt
wir sind arm und wandern wieder
traurig unbeschützt und alt
ich müßte schreiben (wenn ich schriebe)
unser Brunnen ist umeiset
damals rauschte er – am Tag der Liebe

tröste mich zuviele Zähren
sind im Lied das noch lobpreiset
setz ein Segel vor die grauen Fähren

Ton und Strahl

Da ist ein seltner Ton
den niemand hört
nur du und ich
o wunderbarer Bogenstrich
der uns betört
wer kennt ihn schon

da ist ein klingender Pokal
mit schwarzer Schrift
draus trinke ich
da ist ein Strahl
verhehlter Qual
der trifft
einmal auch dich

Nach der Insel
schlägt die Woge
Dorn und Lorbeer
trägt die Insel

Verbrenn den Kahn
mit dem ich gekommen bin:
ich bleibe

Wenngleich es spät ist will ich bleiben
sie spielen immer einen Tanz
wir zielen in die Ringe auf den Scheiben
und ich gewinne meinen Kranz
und reihe ihn zu andrer Habe:
zum Glück der frühlingsblauen Nacht
zu Trauerbündeln wie zur Honigwabe
erfüllt von ungehoffter Tracht

Morgenstunde

Der Spielmann ist mir
eingeschlafen

die Tänzer tranken
aus und gingen

Amseln
wachen für mich
auf

Geleucht und Getön
sind vorüber
Riesige Sonnen
bewegen sich leise
In dich kehrt
die Kraft aller Sommer zurück

Was dich fürder versehrt
ist von währendem Brande
und es zerglüht dir
dein herbstliches Herz

Sieglos

Haben wir
käferdurchbohrte
Blätter gesammelt
von Rosen
die fielen im Herbste
und sie dann
hinter Bildern verborgen –
gefoltert von Wahrheit
überleben wir
sieglos
den gilbenden Garten

Das Rosenglas

gib acht daß nie das Glas zerbricht
darein
wir unsre Rosen tun
es ist so fein
du denkst dies nicht
doch lägs zerscherbt vor meinen Schuhn:
ich müßte lange traurig sein

stells auf den sichern hohen Spind
verhüt daß es im Fenster steht
weil sonst ein Wind
es faßt
der übermütig die Gardinen bläht

und hast
du keine Rose mehr
denn eines Tags sind ja die Ranken leer
fülls nicht mit der Erinnrung Wein
schließ es nur ein

Verabschiede alle

Verabschiede alle –
auch den mit der Flöte
Du bist schon lange da
und traust
dem Traum nicht mehr
Zu alt sind die Bäume
auf deinem Grund

Gelbe Gärten
feiern den September
doch seine Nacht
wirft Wind ans Tor

Keltere wieder
der Bitterkeit Beere:
das gibt Wein
der nicht trunken macht
Verabschiede alle –
auch den mit der Flöte

Laß ihn vorüber!

Du gehst

Du gehst – und in mir
bleibt die offene Tür
zu den stillen Gesichten der Liebe
und Sehnsucht und soviel Verschwiegenes
bleiben
ich könnte bekennen
ich könnte dir lodernde Träume beschreiben
die mich in entfriedeten Nächten verbrennen
du aber müßtest
auch wenn du wüßtest wie tief ich dich liebe
mich dennoch verlassen

zur Ausfahrt ins Glück
sind wir immer zu zwei'n
die Straßen zurück
gehen alle allein

Lange schon

Lange schon
könntest du wissen
ob die Sehnsucht dafürstand
ob der Narrheit genug war

Immer noch aber
deutest du Fährten
trachtest Geweihen nach
die weitab nur vorbeiziehn

Lange schon
könntest du wissen
Glück ist nicht jagdbar
Glück wird verliehn

Aber der den ich meine

Wenn die Vögel schalmeien
zög ich gern durch mein Land
über maigrüne Hügel
an des Herzliebsten Hand

Aber der den ich meine
hat mich nicht mehr im Sinn
also ist ihm verborgen
wie betrübt ich jetzt bin

Unwiderruflich

Unwiderruflich
noch immer ist Liebe
und so wenig verhütbar
wie Trauer und Tod

besprich deinen Engel
auf daß er mit dir sei
wenn ihr Feuer
dich fängt

Eines Tags

Unter
glasklarem Himmel
zuviel Verwelktes

An dem
stachligen Beerenstrauch
meine Samtfalter
aufgespießt alle

Die Große Trauer

Die Große Trauer braucht
nicht einmal Tränen
sie kann in Klüften
nur der Seele lauern
kaum eine Wünschelgerte
spürt sie auf

sie mahnt sich ein
als Mitgift
aus Vergangenheiten
die du nicht kennst

in die Springflut
allerletzter Rosen
zaubert sie
den dunklen Samt

Sterbetag

Aus jenem letzten Garten
dahin sie dich gebracht
kehr ich ins stumme Haus zurück

Ich muß die Spiegel nicht verhängen
beflorte Augen tauchen
in sie nicht ein

Dem Hunde sag ichs an der Herr ist tot
der dich zum Rundgang rief
dem du gefolgt mit Freudensprüngen
durch Fluren und Gehöft
dein Herr ist tot hör nun auf mich

Ich geh zum Kind das wortlos lebt
es lächelt in die Abendsonne
absondres Kind
Der immer kam zur Guten Nacht
schlief von uns fort
in seine Ewigkeit wehst du
vielleicht hinüber

nur ich weiß wie allein wir sind

Ich sehe Stern und Blume
die Er der lischt und mäht
in Firmament und Krume
seit Ewigkeiten sät

das Wort in unserm Munde
war längst in seinem Lied
er hat von allem Kunde
und weiß wie uns geschieht

warum dann soll ich sagen
o Herr nicht diesen Pfeil
die Nacht nach Seinem Jagen
ist keins der Herzen heil

Nachrede

Die ihn betörten
hatten Gift
das die Sinne
verwegen macht
und die Seele
blind

Er wurde
frech getäuscht
und lernte bald
auch selbst
ein Täuschender
zu sein

Solch böses Glück
überstand er nicht

Später vielleicht

Später vielleicht –
wenn mein Haar verbleicht
wenn ich alles gewesen beschenkt und
beraubt
öder Ast bin des herbstfahlen Baums –
wenn der letzte Gespiel an den ich geglaubt
andrem Geleit sich verschreibt
bis ein Weniges bleibt:
noch ein schwelender Docht in der Ampel
des Traums
und mein Krug mit der bachklaren Neige –
hör ich sie schon
die vergrabene Geige
und hernach wenn ich nichts mehr
verschweige
treff ich den Ton

Der sich
entfernt hat
und außer Rufweite ist

den lockt
ein inwendig Wort
nicht zurück

Meine Angst in der Nacht
enthülle ich
keinem

das Sternenlicht Liebe
teil ich mit
einem

Beim Wurzelstock
unserer Berberitze
die du geliebt
und besungen hast
werde ich
dein abtrünnig Herz
ausgraben
und es wiederhaben
zuend meiner Tage

Einsamkeit

Ihr kühles Haus hat
schwingende Türen

sein Gemäuer entlang
schnüren die Füchse

Nachtwind nur
schlüpft hinein
und ringt mit der
schlaflosen
flackernden Flamme
die hierher
verhext ist

Zuruf
wie Anblick
Blendung
und Bann

und
dieses unsichre
schmerzlichste Nahesein
auch:

alles nicht sagbar

Liebeskerze

Die Kerze die ich stiften wollte
die vor dem Bild nicht brennen sollte
dem liebesfromm sie war geweiht
(weil Tändel mich von dort verscheuchten)
wird nun auf offner Halde leuchten
Gestirn sein in der Dunkelheit

Nachtgedanke

Für eine Liebe leben
vielleicht

an Liebe sterben
gewiß

Ich wünsche mir Tränen

Ich wünsche mir Tränen
löschende
kühle von einst
als das Leidkraut der Liebe
mit Tröstung
und Träumen gemeinsam
heranwuchs

Aber die Jahre
die armen
ergrauenden Jahre
Elmsfeuern zu
bis mitten ins Moor
der Gefährte entlief

Ob ich
gehärteten Herzens
trockenen Augs
auch besteh:
ich wünsche mir Tränen

O ernstes Land
das dich erschreckt
mit Felsenbruch
und bittren Früchten
Novemberwald
voll Lärchenbrand
und nächtig bis zum Sternenrand
und keine Rosse mehr zu flüchten

Träne ausgegossen
Hoffnung eingescharrt
von verklemmten Trossen
die Hände hart

Finsternis und Regen
einer Furt Gefahr
und im Wald gelegen
der verwunschen war

auf der Burg gewesen
die aus Trümmern raucht
eines Lieds genesen
das keiner braucht

Heidin bin ich
die zur Sonne betet
Blitze fürchtet
und den Sturm bestaunt
tief verschwistert
noch den Tieren
ihr Leidensabgrund
dunkelt auch in mir

Der unsichtbaren
Gottheit Orte
fand ich nie
im Tunnel meiner Angst
erfleh ich Beistand
und ein wachsend Licht
von Müttern
die verewigt sind

Heidin bin ich
und verschwistert
noch den Tieren

Laß mich in deiner Kammer weinen
und sagen wie der Stein mich quält
den die vom Berg der bösen Peinen
mir haben in den Schuh gezählt

und heb mich über deine Schwelle
als wär ich jung und unbeschuht
und leg an unsrer Feuerstelle
die großen Scheiter auf die Glut

Wie käm ich ohne Wunder aus

Ich blieb kein Baum im vollen Saft
stand nie in eines Waldes Hut

ich hab nur der Verzweiflung Mut
seit mir die Welt verdüstert schwand
und lebe über meine Kraft
wie käm ich ohne Wunder aus

ein Färber zog dafür ins Land
der übermalt mein Blätterhaus

Blaugeflügelter Abendgott
löse den Schuh mir
höre
ich hatte von weither
zu wandern
Staub war und wiederum
Staub auf den Straßen
in glosigen Netzen
des Nachmittags
hing eine Harfe
und brannte und klang
als verasche sie nie
Abendgott
sternäugig stiller
ihr Lied laß mich erben

Ich aber wandre

Jenseits des brachen Stroms
lagert die stillere Herde
ohne Schelle und von keinem Hirten
umwacht
dort dürfte nächtigen
wen der schmerzhafte Mittag geblendet
Ruhn unter Gräsern wer
Bannechsen anging zur Unzeit

Ich aber wandre Sand
auf dem Wundmal der Sohlen
und des Steins gewiß der das Kleinod begräbt

Nicht die Verlaßnen nur
oh auch Enteilende darben
wenn kein Arm sie aufhält gibt ihr Engel sie
preis
Dann sind die Abgründe
nah und elbischer Nebel belauert
einen mißratnen Weg
selten ist Umkehr auch Heimkunft

ich aber wandre Sand
auf dem Wundmal der Sohlen
und des Steins gewiß der das Kleinod begräbt

Schalen die nicht überschäumen
heb ich nicht zum Lippenrand
die sich mir entgegenbäumen
Strom und Sturm sind mir verwandt

übt der Weise Maß und Strenge
der Gesättigte Verzicht –
mögen sie in ihrer Enge
atmet das Geheimnis nicht

schweigt mir doch von Not und Reue
feig wer darum Sorge trägt
alles Herrliche und Neue
wird entlaubt und kleingesägt

Gebleicht und zerschlissen
die Fahnen der Fahrt
Wo sie verwahrt sind
wissen wir noch
wie den Tag der verwegenen Landung

Meine Träume
haben schon ein Grab
im Garten

Schnee wird fallen

Dach und Feuer
sind alles wieder
was ich will

Abschiedsrosen

Auch die Abschiedsrosen
haben ihren Ort
zu glühn
so lange sie es mögen
bei mir

ich bespreng sie
mit dem Wasser
meiner Augen

Nachtüber

Tritt bei mir ein
ich will dich bewirten
laß deine Schuhe
an der Tür
ich habe dir
solche bereitgestellt
die noch nicht
auf den Gassen
gewesen sind
sagte der freundliche Mann
zu seinem Besucher
und ich hörte davon

wenn ich zurück bin
(ich war weit über Land)
muß ich
durch manch eine Pforte
nicht mehr
ich verschmähe den Wechselschuh
und bleibe beim Nachtgetier
das mich wärmt
in den Büschen
schlafüberschneit – bis es tagt

Wer als Letzter
dich aufsucht
und verspricht
ins umherbstete Feld
deiner Hoffnung
den Stämmling
zu setzen
der zu jeder Zeit
grünen kann

wer als letzter
dich aufsucht
so leichtfüßig
seine Verheißungen sind
du wirst ihn bedanken

Ausgesetzt
auf einer Insel
voller Schlangen
sende ich Zeichen
zu anderen Ufern

Wenn ihr kein
Boot für mich habt
verwünscht
mich in eine
einfältige Flöte
nach der
meine Schlangen
tanzen

Mondjachten

Mit Mondjachten fahren
uns prächtige Träume
hinan und hinaus

hinab
auf den Landstrich
verfemter Gefilde
stürz ich allein

wer könnte
mir folgen
mich finden –
aus Umdornung
und Dunkelheit
einmal noch bergen

Unverrückbare
Dinge behindern
oft Wege
die du hofftest
zu haben

der Sehnsüchte Flug
erhöht dich darüber

Inhalt

Die Feuerlilie:

16 Lausche mir nicht
17 Tröstlicher Traum
19 Märchenwald
20 Eden
27 Gottes Türen fielen zu
28 Leicht/wie seidig Wimperhaar
29 Wem die Sonnensage
40 Manchmal verläuft sich einer
42 Die Begegnung
43 Wir leben auf den Kähnen
47 Das kleine Lied
48 Sommerbild
49 Die Feuerlilie
53 Großer Sommer
67 Fluch dem Herbste
70 Herbstgedicht
72 Lichtmeß
74 Die junge Geliebte
75 Frage im Frühling
77 Nehmt es wahr
78 Zauberstarke Zeit
79 Als es Lenz geworden war
83 Im Frühling
88 Damit du Stimme bist

194

89 Aus dem Tal ohne Zeit

90 Die Schlummerfrau

93 Schließ dein schlafendes Haus

96 Der Reisige

101 Zuhöchst ist ein herbstlicher Garten

102 Mitternachtslied

104 Das reiche Jahr

105 Feuer und Wind

107 Kämst du nicht

108 Wind

113 Dieser Morgen

114 Das Windlicht

116 Der starke Baum

146 Romanze

150 Unterlassener Brief

151 Ton und Strahl

159 Du gehst

166 Ich sehe Stern und Blume

183 Ich aber wandre

184 Schalen die nicht überschäumen

Ich male mein Gedicht ans Tor der Gärten:

21 Das Lächeln

22 Weiße Amsel

33 Wir hätten/die Mauer geschleift

37 Stumm/ist die Tiefe

44 Nicht mehr unterwegs sein

50 Seit Sonnenaufgang

51 Orion treibt die Wolkenkuh

54 Er bedurfte/einer einzigen Nacht

58 Septembers Ausritt

59 Herbstgefiedert

64 Herbstes schmale Tage

66 Der gelbe Vogt

69 Gehöft im Herbst

76 Bald ist Frühling

80 Der Lenz hält in den Wäldern hof

91 Aber zu Abend

94 Ich höre dich Baum

97 Im ergrünten April

99 Mächtig wirkt die Zeit

100 Die fremde Landschaft

103 Das Land verblüht

106 Woher der Rauch weht

109 Birkengoldmünze

110 Zinngießer Mond

111 Was wir beweinten

115 Größer/denn jegliche Vorsicht

117 Die Glocken sind gut

118 Gastmahl des Lebens

119 Nichts ist unser

120 Ihr seid nicht bei den Schafen

121 In einer Nebelnacht

122 Wenn die Lawine niedergeht

123 Im roten Ahorn

124 Brandstatt nach dem Sommer

138 Alle Zeichen die ich finde

140 Wie das Herbstlaub raschelt

142 Laute Zecher waren lang geblieben

144 Ich male mein Gedicht ans Tor der Gärten

148 Zwischen Rose und Schnee

149 Pflück mit mir die blaue Dolde
152 Nach der Insel
155 Geleucht und Getön
158 Verabschiede alle
177 O ernstes Land
178 Träne ausgegossen
180 Laß mich in deiner Kammer weinen
182 Blaugeflügelter Abendgott
185 Gebleicht und zerschlissen
186 Meine Träume

Schlangenflöte:

14 O wir Kinder
15 Außerhalb von Ortschaften
23 Die Liebe
24 Nach dem Abflug der Schwalbe
26 Karfunkelbeschlagen
30 Finsterwald
31 Woher der Frühling duftet
32 Sommergewölk
35 Die Hügel des Herbstes
39 Zuweilen zieht über die Wälder
52 Sturzflut
57 Zugvögel
62 Der Lärchbaum brennt
63 Oktobervers
68 Ein kupfern Kirschblatt
71 Bevor der Schnee kommt
73 Der Winter weicht
82 Veilchen hatten geblüht

135 Wo ich her bin
137 Schiff + Schloß
139 Meine verhagelten Felder
141 Das Gespann
143 Worüber ich schweige
153 Wenngleich es spät ist
156 Sieglos
160 Lange schon
165 Sterbetag
167 Nachrede
171 Beim Wurzelstock
174 Liebeskerze
176 Ich wünsche mir Tränen
179 Heidin bin ich
181 Wie käm ich ohne Wunder aus
190 Ausgesetzt

*Bisher nicht veröffentlichte bzw. in
Anthologien erschienene Gedichte:*

13 Traumdrachen
18 Ansonsten
25 Der Fisch
34 Neige
36 Der Regen rauscht in meinen Bäumen
38 Das freie Tier
41 Die Hatz
55 Die Hohe Zirm
56 Der gefallene Sommer
60 Spätes Gold
61 Baumseelen

65 Leuchtrot das Laub

81 Maiensaat

84 Flieder

87 In der Sommernacht

92 Das Fest

95 Das Herz

98 Von Ufer zu Ufer

112 Aufwind

125 Salz und Essig

126 In Urtiefen/schlief es

129 Im weitgerühmten Tal

131 Vieläugig schaust du

145 Lösche die Kerzen

147 Nachlaß

154 Morgenstunde

157 Das Rosenglas

161 Aber der den ich meine

162 Unwiderruflich

163 Eines Tags

164 Die Große Trauer

168 Später vielleicht

169 Der sich/entfernt hat

170 Meine Angst in der Nacht

172 Einsamkeit

173 Zuruf/wie Anblick

175 Nachtgedanke

187 Abschiedsrosen

188 Nachtüber

189 Wer als Letzter/dich aufsucht

191 Mondjachten

192 Unverrückbare Dinge